Die DaF Bibliothek

Die Spur führt nach Bayern

A2/B1

Von Volker Borbein und Christian Baumgarten
Illustriert von Detlef Surrey

Cornelsen

Die Spur führt nach Bayern

Volker Borbein und Christian Baumgarten
mit Illustrationen von Detlef Surrey

Lektorat: Pierre Le Borgne
Layout: Annika Preyhs für Buchgestaltung+
Technische Umsetzung: Klein & Halm Grafikdesign, Berlin
Umschlaggestaltung: Ungermeyer, grafische Angelegenheiten
Umschlagfoto: Corbis RF

www.cornelsen.de

1. Auflage, 2. Druck 2026

Druck: Cornelsen Verlagskontor, Bielefeld

ISBN 978-3-06-120750-2

PEFC
PEFC/04-31-3871

PEFC-zertifiziert
Dieses Produkt stammt aus nachhaltig bewirtschafteten Wäldern und kontrollierten Quellen
www.pefc.de

Inhalt

Sie können diese spannende Geschichte auch über einen MP3-Player zu Hause, bei einer Auto-, Zug- oder Busfahrt anhören und genießen. (www.cornelsen.de/daf-bibliothek/audios)

Personen

Privatdetektiv Patrick Reich ist einem Betrüger auf der Spur. Der Fall nimmt ein dramatisches Ende.

Die Hauptpersonen dieser Geschichte sind:

Alice Weiss
Schulfreundin von Constanze und Opfer eines Betrügers.

Edeltraut Huber
Lebensgefährtin von Paul Ehrlich. Ist sie das wirklich?

Paul Ehrlich
Ein Mann ohne Moral.

Leo Fuchs
Berliner Kollege von Patrick Reich.

Richard Tauber
Kriminalhauptkommissar.
Freund von Patrick Reich.

Patrick Reich
Privatdetektiv. Kommt er zu spät?

Constanze Zeigen
Lebensgefährtin von Patrick Reich.

Orte der Handlung: Kassel und Bad Reichenhall
Zeit der Handlung: 10. Mai bis Ende Juni

WIR
HEIRATEN

Kapitel | 1

10. Mai

Es ist ein schöner Tag im Monat Mai. Die Fenster sind geöffnet. Die Sonne scheint auf den Frühstückstisch. Patrick und Constanze genießen[1] das gemeinsame Frühstück am Samstag: Butter, Brötchen, Marmelade, Wurst, Käse, zwei weichgekochte Eier, Kaffee und Orangensaft.
Patrick liest Zeitung, Constanze hält einen Brief in der Hand.
„Wer hat dir geschrieben?", fragt Patrick Reich neugierig.

„Eine Schulfreundin hat uns zu ihrer Hochzeit eingeladen."

„Kenne ich sie?"

„Nein, du wirst sie in drei Wochen auf der Hochzeit kennenlernen." Constanze lächelt. „Vielleicht kommst du ja auch auf den Geschmack[2]?"

„Wer weiß, wer weiß", antwortet Patrick leise. „Irgendwann läuten auch für uns die Hochzeitsglocken."
Patrick und Constanze haben sich in einem Französischkurs an der Volkshochschule[3] kennengelernt. Aus der Liebe zur französischen Sprache wurde die Liebe zwischen Patrick und Constanze. Patrick ist zehn Jahre älter. Der Altersunter-

1 Freude an etwas haben
2 Gefallen an etwas finden
3 Einrichtung der Erwachsenen- und Weiterbildung; *http://www.vhs-nordhessen.de*

schied stört ihn nicht. Er kommt gut damit zurecht[4], dass seine Freundin fünfundzwanzig Jahre jung ist.

„Meine Freundin Alice wird auch zur Hochzeit kommen. Endlich sehe ich sie wieder. Wir sind zusammen zur Schule gegangen und wir haben an der gleichen Universität studiert. Wir haben sehr viel Zeit miteinander verbracht. Wir waren sogar in denselben Mann verliebt."

„Und? Wie ist die Geschichte ausgegangen?"

"Patrick, wie kannst du das nur fragen. Ich habe dich kennengelernt. Alice hat mit Männern nie Glück."

Patrick steht auf. Er nimmt Constanze in seine Arme und er küsst sie.

„Patrick, ich weiß nicht, was ich zur Hochzeit anziehen soll!"

„Schatz, du bist jung, du bist schön, zieh doch das grüne Kleid an. Das steht dir besonders gut!"

Auf dem Hochzeitsfest am 31. Mai:

„Toll, Alice, dass wir uns nach so langer Zeit wiedersehen."

„Wie geht es dir? Wo wohnst du? Was machst du beruflich? Bist du verheiratet? Hast du Kinder?", fragt Alice ihre Freundin Constanze.

„Langsam, langsam, wir haben viel Zeit. Du bleibst doch einige Tage in Kassel? Bevor wir weiterreden, möchte ich dir meinen Freund Patrick Reich vorstellen. Patrick, das ist meine Freundin Alice."

Alice ist elegant gekleidet. Sie trägt einen modischen Hosenanzug mit passendem Schmuck. Die kurzgeschnittenen, fast rötlichen Haare lassen sie jungenhaft[5] aussehen. Sie gibt Patrick die Hand.

4 keine Schwierigkeiten haben
5 wie ein Junge

„Sehr erfreut", antwortet Patrick. „Ihr habt euch bestimmt viel zu erzählen. Ich lasse euch für eine Weile alleine. Ich sehe gerade meinen Freund Richard Tauber. Bis nachher."
Zwei Stunden später:
Der Tanz ist eröffnet. Patrick beobachtet ein Tanzpaar ganz genau: Alice Weiss und Richard Tauber. Die beiden lassen keinen Tanz aus.
„So, so", denkt Privatdetektiv Patrick Reich. Mit einem vielsagenden Lächeln sieht er Constanze an.

Kapitel | 2

6. Juni

Constanze und Patrick erwarten Gäste. Gemeinsam bereiten beide das Abendessen vor. Es gibt Seehecht[6].

„Der Geruch[7] erinnert mich an unseren Urlaub auf Mallorca[8]. Ich sehe das Restaurant mit der wunderbaren Aussicht genau vor mir. Constanze, wollen wir dieses Jahr eine Woche auf Mallorca verbringen?"

„Das wäre ein Traum."

Es ist kurz vor acht. Alice ist gekommen.

„Schön, dass du da bist. Setzen wir uns ins Wohnzimmer und trinken einen Aperitif. Wir warten noch auf einen Gast.

6 Fisch
7 alles, was man mit der Nase wahrnimmt
8 *siehe:* „Liebe bis in den Tod"; *www.cornelsen.de/daf-bibliothek*

Du kennst ihn." Wenige Minuten später klingelt es an der Tür. Kriminalhauptkommissar Tauber betritt die Wohnung. Als er Alice sieht, wird er rot. Alice lächelt verlegen[9]. Die Überraschung ist Constanze und Patrick gelungen. Der Fisch schmeckt köstlich[10], der Weißwein hat die richtige Temperatur.

„Und?", fragt Richard Tauber. „Wie fühlen Sie sich in Ihrer alten Heimat?"

„Sehr wohl. Es ist wie früher. Selbst der Bäcker hat meinen Namen noch nicht vergessen. In Berlin[11] ist alles fremd und anonym", antwortet Alice. „Ich habe kaum Freunde."

„Ja, ich weiß. Nach dem Studium bist du nicht gern nach Berlin gegangen", sagt Constanze, „aber du hast beruflich Karriere gemacht. Du bist Abteilungsleiterin bei einer großen Versicherung und du verdienst sehr gut."

„Ach, weißt du Constanze, Geld ist nicht alles. Manchmal möchte ich einen lieben Mann haben und mich um Kinder kümmern. Mit Männern habe ich kein Glück." Ihre Stimme wird leiser. „Dabei lief alles bis vor vier Wochen noch sehr gut." Alice hört auf zu sprechen. Tränen steigen in ihre Augen. Richard Tauber nimmt die Hand von Alice. „Sie sind unter Freunden. Erzählen Sie, was geschehen ist."

9 unsicher
10 sehr gut
11 *www.berlin.de*

Kapitel | 3

6. Juni

„Ich habe ihn über eine Kontaktanzeige kennengelernt. Es war Liebe auf den ersten Blick. Er sah fantastisch aus." Constanze unterbricht ihre Freundin.

„Ich weiß: groß, dunkle melancholische Augen, schwarze Haare, sportlich, elegant."

„Woher weißt du das?"

„Alice, so sehen deine Männer immer aus. Entschuldige die Unterbrechung. Erzähl weiter. Was ist passiert?"

„Endlich wurde ich geliebt. Wir trafen uns regelmäßig[12]." Alice macht eine kleine Pause. „Na ja, mit regelmäßig meine ich, dass wir uns an zwei Wochenenden im Monat sahen.

12 immer zu einem bestimmten Zeitpunkt

Manchmal kam er auch während der Woche zu mir. Wir machten alles gemeinsam. In seiner Nähe fühlte ich mich wohl. Er rief mich jeden Tag an. Ich dachte immer an ihn, auch bei der Arbeit. Ich gab ihm einen Wohnungsschlüssel. Wenn er freitags vor mir zuhause war, überraschte er mich mit einem gedeckten Tisch. Immer standen frische Blumen auf dem Tisch. Er wusste, wie man eine Frau verwöhnt[13]."
Richard Tauber blickt misstrauisch. Die Geschichte gefällt ihm nicht.

„Alice, Sie sprechen von Ihrem Geliebten in der Vergangenheit!"
Alice redet weiter.

„Wir hatten Pläne, Heiratspläne. Wir wollten eine Wohnung kaufen. Dafür gab ich ihm 30 000 Euro."
Richard Tauber lässt nicht locker[14]. Er wiederholt seine Frage.

„Alice, Sie sprechen von Ihrem Geliebten in der Vergangenheit! Er ist weg, nicht wahr?"

„Seit sechs Wochen." Alice beginnt zu schluchzen[15]. „Ich weiß nicht, was ich machen soll. Er hat keine persönlichen Gegenstände in der Wohnung gelassen, nicht einmal die Zahnbürste. Auf dem Handy[16] ist er nicht zu erreichen. Er ist wie vom Erdboden verschwunden. Es gibt keine einzige Spur von ihm. Ich bin wieder allein."
„Das gibt es doch nicht", sagt Constanze verwundert[17]. „Wie heißt er? Wo wohnte er, wenn er nicht in Berlin war? Welche

13 zu einer Person sehr lieb sein
14 auf etwas bestehen
15 weinen
16 Mobiltelefon
17 überrascht

Freunde hat er? Was macht er beruflich? Hat er dir nie Fotos aus seiner Jugend gezeigt?“
Constanze kann einfach nicht glauben, dass Alice nicht einmal die Adresse von ihrem ‚Freund‘ kennt.

„Langsam, langsam Constanze. Lass Alice erst einmal Luft holen. Du bringst sie ganz durcheinander.“ Alice sieht Patrick dankbar an.

„Ich weiß, das ergibt alles keinen Sinn. Warum habe ich ihm diese Fragen nicht gestellt? Ich dachte, wir hätten viel Zeit. Ich war so verliebt. Vielleicht wollte ich mir keine Gedanken machen. Jetzt wird mir natürlich einiges klar.“

„Seinen Namen kennst du aber?“, fragt Patrick.

„Sicher. Er heißt Paul Ehrlich. Was für ein Name. Paul Lüge passt besser zu ihm. Ehrlich ist bestimmt nicht sein richtiger Name. Einen Ausweis von ihm habe ich nie gesehen. Ich weiß gar nichts mehr. Diese Enttäuschung! Was soll ich machen?“ Hilflos blickt sie ihre Freunde an.

„Es tut mir leid, was Ihnen passiert ist“, sagt Richard Tauber. „Sie sind das Opfer eines Betrügers geworden. Solche Leute wissen genau, wo und wie sie ihre Opfer finden. Opfer wie Sie, die viel arbeiten und allein sind. Patrick und ich werden alles tun, um den Betrüger zu fassen.“

„Ja, das verspreche ich dir“, sagt Patrick. Er blättert in seinem Terminkalender. „Lass uns Anfang nächster Woche darüber reden. Montag, 15 Uhr in meinem Büro?“
Alice nickt zustimmend.
Es ist dunkel, als Alice und Richard die Wohnung in der Lindenstraße [18] verlassen.

18 Straße im Ortsteil Wilhelmshöhe

Kapitel | 4

9. Juni

Pünktlich um 15 Uhr betritt Alice das Büro von Patrick Reich in der Oberen Königsstraße 3[19]. Sein Büro liegt im 9. Stock. Der Raum spiegelt die Person des Detektivs wider: Einfach und praktisch, mit einer persönlichen Note. Poster von Max und Moritz[20] in Übergröße. Constanze ist bereits zehn Minuten früher gekommen. Patrick hat Kaffee vorbereitet.
„Schön, Alice, dass du deinen Laptop dabei hast. Jetzt können wir uns die Fotos von der Hochzeit ansehen."

19 Geschäftsstraße in der Innenstadt
20 witzige Figuren des Zeichners und Dichters Wilhelm Busch (1832 – 1908)

„Oh ja“, antwortet Constanze.

„Guck mal hier, Alice und der Kommissar tanzen wie ein verliebtes Paar“, sagt Patrick zu Constanze. Alice ist verlegen.

„Ich glaube, ich werde allein bleiben. Enttäuschungen ertrage ich nicht mehr.“

„Alice, komm. Das Leben geht weiter. Warte ab. Irgendwann wirst du einen Partner finden.“ Patrick lächelt.

„Morgen fahre ich nach Berlin zurück. Ich vermisse euch schon jetzt.“

Patrick klickt aus Gewohnheit das Internet an.

„Möchtest du nach Bad Reichenhall[21]?“ fragt er Alice.

„Bad Reichenhall? Warum?“

„Hast du nicht diese Seite aufgerufen?“ Die professionelle Neugierde von Patrick ist geweckt.

„Nein. Ich benutze den Laptop nur zu beruflichen Zwecken. Am Wochenende nehme ich ihn mit nach Hause, um zu arbeiten. Warte mal. Mir fällt jetzt ein, dass Paul ab und zu etwas im Internet gesucht hat. Merkwürdig! Warum hat er ausgerechnet[22] die Seiten von Bad Reichenhall angeschaut? Er hat nie von Bad Reichenhall gesprochen.“

„Das ist ja interessant“, sagt Patrick nach einer Weile. „Alice, ist Paul ein Spieler? Schau mal hier. Er hat sowohl die Spielbank in Bad Reichenhall als auch in Salzburg[23] angeklickt[24]. Und dann hier, die Seite mit den Kontaktanzeigen.“ Patrick denkt kurz laut nach.

21 *www.bad-reichenhall.de*
22 gerade
23 *www.salzburg.at*
24 mit der Maus auswählen

„Spielbank in Bad Reichenhall, Spielbank in Salzburg, Kontaktanzeigen. Wie hängt das zusammen? Alice, wie viel Geld hast du Paul wirklich gegeben?“
Alice schweigt.
„Mal sehen, was wir im virtuellen Papierkorb finden?“

Wie gewünscht, senden wir Ihnen Ihre Nummer:
52 190973 E 041

„Alice, hast du die Nummer eingegeben?“ Alice schüttelt den Kopf.

„Nein, ich kann mir nicht erklären, was die Nummer bedeutet. Hat sie etwas mit Paul Ehrlich zu tun?“

„Das finde ich heraus“, sagt Patrick energisch.

Kapitel | 5

13. Juni

Alice ist zurück in Berlin. Im Büro gibt es jede Menge Arbeit. Der Alltag hat sie schnell eingeholt. Vor 20 Uhr verlässt sie selten ihren Arbeitsplatz.

Alice ist auf dem Weg nach Hause. An diesem schönen warmen Freitagabend sind viele Menschen unterwegs. Manche tragen volle Einkaufstaschen, andere bleiben vor Schaufenstern stehen. Junge Paare gehen Hand in Hand spazieren.

Alice blickt um sich. Sie fühlt sich beobachtet. Ihr Blick fällt auf einen großen Mann mit langen schwarzen Haaren. Er steht dreißig Meter von Alice entfernt. Er guckt in ein

Schaufenster mit Damenwäsche. Alice glaubt, dass sie diesen Mann in den letzten Tagen öfter gesehen hat: Nach der Arbeit, vor dem Gebäude ihrer Versicherung, an der U-Bahnstation und dann in der Straße, in der sie wohnt. Als Alice weitergeht, setzt sich auch der Mann in Bewegung. Als Alice stehen bleibt, dasselbe Spiel. Kann es sein, dass ...?

Alice versucht mit Gewalt auf andere Gedanken zu kommen. Sie rennt. Bis zu ihrer Wohnung sind es noch etwa sechshundert Meter.

Atemlos[25] kommt sie im dritten Stock an. Ihre Hände zittern[26]. Sie hat Schwierigkeiten, die Wohnungstür zu öffnen. Als sie endlich in ihrer Wohnung ist, schließt sie zweimal ab. Sie geht zum Fenster. Vor dem Haus stehen Leute. Der Mann mit den schwarzen Haaren ist nicht unter ihnen. Alice ist erleichtert.

Allmählich wird sie ruhiger. Ihr Puls[27] ist regelmäßig.

Das Telefon klingelt. In den letzten Tagen klingelte das Telefon immer dann, wenn Alice in ihre Wohnung kam. Jedes Mal, wenn sie den Hörer abnahm, legte der Anrufer auf. So auch dieses Mal. „Das kann doch kein Zufall sein", denkt Alice und geht in das Wohnzimmer.

„Merkwürdig. Die Vase stand heute Morgen an einem anderen Platz oder sehe ich schon Gespenster[28]? Ist es möglich, dass jemand in der Wohnung war?"

Alice denkt an Paul Ehrlich. Sie weint leise. Angst steigt in ihr auf.

25 fast nicht mehr atmen können
26 unkontrollierte Bewegungen machen
27 Herzfrequenz
28 Phantom, Geist; Dinge sehen, die gar nicht da sind

Kapitel | 6

14. Juni

Hand in Hand gehen Constanze Zeigen und Patrick Reich im Park Wilhelmshöhe[29] spazieren. Vor dem Gewächshaus[30] mit exotischen Pflanzen bleiben beide stehen. Sie atmen tief durch. Sonnenstrahlen erleuchten das Gewächshaus. Die Konstruktion aus Glas und Stahl sieht modern aus.

Constanze und Patrick gehen nach einigen Minuten weiter. Vor dem Schlossteich setzen sie sich auf eine Bank. Was für ein Blick! Zur linken Seite liegt die Löwenburg[31], zur rechten

29 größter Bergpark Europas
30 Gebäude für Blumen und Pflanzen; eine der ersten Konstruktionen aus Stahl und Glas in Deutschland
31 romantische Ritterburg und Museum (1717 – 1780)

Seite der Aquädukt[32] und vor ihnen der Herkules[33]. Patrick denkt laut nach. Das tut er immer, wenn er sich mit einem Fall beschäftigt, auch beim Spazierengehen. Er holt einen Zettel aus der Tasche.
„Du erinnerst dich an die Zahl, die wir im Laptop von Alice letzte Woche gefunden haben? Weißt du, was sie bedeutet?"

52 190973 E 041

Constanze sieht Patrick an.

„Nein, aber du wirst es mir gleich sagen."

„So ist es, liebe Constanze. Die Lösung ist ganz einfach. Es handelt sich um eine Rentenversicherungsnummer[34]. Die Nummer enthält folgende Informationen:

1. Wohnort
2. Geburtsdatum des Versicherten
3. Anfangsbuchstaben des Geburtsnamens

Schau mal. Die Person, die diese Nummer hat, wohnt in Bad Reichenhall und wurde am 19. September 1973 geboren. Na, Constanze, hast du eine Idee, um wen es sich handelt?"
Constanze ist stehen geblieben.

„Ja, natürlich, so muss es sein. Es handelt sich um Paul Ehrlich! Hast du schon Alice informiert?"

„Das wollte ich. Ich habe in den letzten Tagen abends gegen 20 Uhr mehrere Male versucht, sie telefonisch zu erreichen. Ohne Erfolg. Das ist vielleicht ganz gut so. Lass mich erst einmal die Adresse von Paul Ehrlich in Bad

32 *www.stadt-kassel.de*
33 Wahrzeichen von Kassel, einmaliges Panorama
34 Rentenversicherung: Versicherung zum Schutz der Arbeitnehmer im Alter

Reichenhall herausfinden. In der nächsten Woche findet dort ein Kongress des *Bundes internationaler Detektive e. V.* statt. Wie du weißt, nehme ich an dem Kongress teil. So kann ich auch direkt vor Ort in Bad Reichenhall ermitteln. Schluss mit der Arbeit. Genießen wir den herrlichen Tag. Überlegen wir, wie wir das Wochenende verbringen. Hast du eine Idee Constanze?"
Constanze flüstert[35] Patrick ins Ohr.
Er wird rot.

35 sehr leise sprechen

Kapitel | 7

18. Juni, 14.30 Uhr

„Meine Damen und Herren, in wenigen Minuten erreichen wir Bad Reichenhall. Vielen Dank für die Reise mit der Deutschen Bahn. Wir hoffen, Sie bald wieder als Gast begrüßen zu dürfen. Der Zug fährt nach einem kurzen Aufenthalt weiter nach Salzburg."

Patrick Reich steigt aus dem Zug. Das Tagungshotel ist nicht weit vom Bahnhof entfernt. Patrick geht durch die belebte Innenstadt. Vor und in den Cafés herrscht viel Betrieb. Die Kellnerinnen mit ihren schwarzen Kleidern und weißen

Schürzen[36] sind sehr beschäftigt. Die Kurgäste[37] genießen das schöne Wetter und lassen sich Kaffee und Kuchen schmecken. Im Kurpark spielt das Kurorchester Musik aus bekannten Operetten und Opern. Zuschauer klatschen begeistert. Im alten Kurhaus trinkt Patrick ein Glas Wasser. Es schmeckt nach Salz. Das Wasser ist gut für die Gesundheit, sagt man.

Patrick verlässt das Kurhaus. Nach wenigen Metern sieht er das Grandhotel Steigenberger Axelmannstein. Er ist von der Größe und Eleganz beeindruckt. Vor den Fenstern hängen knallrote Geranien. Teure Autos parken am Hoteleingang. Personal lädt das Gepäck aus. Patrick atmet tief durch und geht in die Empfangshalle.

„Hallo Leo, das ist ja eine schöne Überraschung dich wiederzusehen." Patrick schüttelt Leo herzlich die Hand. Er kennt Leo Fuchs aus seiner Studienzeit. Mehrere Male haben sie zusammengearbeitet. Das liegt allerdings einige Jahre zurück.

„Beim letzten Kongress in Hamburg habe ich dich nicht gesehen."

„Stimmt, vergangenes Jahr hatte ich keine Zeit. Ich war oft unterwegs. Ich arbeite jetzt bei einer internationalen Wirtschaftsdetektei in Berlin. Und? Wie läuft es bei dir? Bist du noch mit Constanze zusammen?"

„Natürlich. Wir haben sogar Heiratspläne. Und wir denken an einen Ortswechsel nach Berlin."

„Warum das?"

36 Kleidungsstück, das man bei der Arbeit trägt, um sich nicht schmutzig zu machen

37 Gast, der sich aus medizinischen Gründen an einem Ort mit besonderem Klima erholt

„Constanze beendet in wenigen Monaten ihr Studium. Sie sucht eine Stelle als Sozialpädagogin. In Kassel ist der Arbeitsmarkt nicht so gut wie in Berlin."

„Das wäre ja toll. Die Detektei, für die ich arbeite, expandiert[38] und sucht erfahrene Mitarbeiter. Soll ich mich für dich erkundigen?"

„Ja bitte." Patrick schaut auf die Uhr. „Lass uns heute Abend weiterreden."

„Prima. Treffen wir uns hier gegen 20 Uhr."

Patrick Reich nutzt die Zeit bis zur Kongresseröffnung um 17 Uhr. Er hat die Adresse von Paul Ehrlich herausgefunden: Sonnenstraße 45 a.

Patrick verlässt das Hotel. Bis zur Sonnenstraße sind es nur wenige Minuten zu Fuß. Patrick genießt den Spaziergang. Alles ist sauber und ordentlich. Straßen, Bürgersteige, Vorgärten mit kurzgeschnittenem grünen Rasen, Blumen vor und neben Hauseingängen …

„Idylle pur", murmelt Patrick vor sich hin. Die Welt ist in Bad Reichenhall in Ordnung. Wirklich? Vor dem Haus, Sonnenstraße 45 a, bleibt Patrick stehen.

38 größer werden

Kapitel | 8

18. Juni, 15.45 Uhr

Er schaut auf das gepflegte alte Bauernhaus aus Holz. Es steht auf einem großen Grundstück. An der Gartentür steht der Name ‚Huber'. Ein Schäferhund[39] bellt.
„Ist da jemand?", fragt eine Frau misstrauisch. Sie ruft den Hund zurück. „Die Gaststätte finden Sie einen Eingang weiter. Suchen Sie jemand?"
Patrick Reich weicht der Frage aus.

„In solch einem Haus möchte ich auch wohnen. Es ist wunderschön." Das Gesicht der jungen Frau wird freundlicher.

39 großer Hund

„Ja, es ist schon über Generationen in unserem Familienbesitz. Die Landwirtschaft haben wir aufgegeben. Wir betreiben nur die Gastwirtschaft ‚Zum goldenen Löwen'. Meine Schwester und ich führen die Gastwirtschaft. Aber warum stehen Sie hier, kann ich Ihnen helfen?" fragt Frau Huber.

„Ja. Ich möchte meinen alten Bekannten Paul Ehrlich wiedersehen. Er wohnt doch hier?"

„Woher kennen Sie meinen Verlobten? Wie ist Ihr Name? Paul erzählt nie von seinen Freunden. Paul ist zurzeit nicht da. Er kommt am Wochenende, manchmal nur jedes zweite Wochenende. Er ist Vertreter für Kosmetik. Er arbeitet viel in Nord- und Ostdeutschland. Wenn Sie Zeit haben, kommen Sie doch in unsere Gaststätte zum Essen. Wir haben gutes bayrisches Bier und hausgemachte bayrische Gerichte. Ich bereite gerade den Sauerbraten[40] für heute Abend vor. Ich würde mich freuen."

„Gerne. Aber eine Frage habe ich noch, auf die ich keine Antwort finde."

„Fragen Sie!", sagt Edeltraut Huber.

„Auf der Straße parken Autos, unter denen Drahtgitter liegen. So was habe ich noch nie gesehen. Warum liegen die da?"

„Das machen hier einige Leute. Es gibt viele Marder[41] in der Gegend. Die Autobesitzer wollen sich so vor ihnen schützen." Frau Huber hat einen starken bayrischen Akzent. Beim Zuhören muss sich Patrick Reich konzentrieren. Er bedankt sich für die Antwort.

40 großes Stück Fleisch (Rind), das in Essig eingelegt wird, bevor es gebraten wird
41 kleines Nagetier

Am Abend geht er mit seinem Freund Leo in die Gaststätte ‚Zum goldenen Löwen‘. Das Lokal ist gut besucht. Am Stammtisch[42] sitzen Männer. Einige haben weiße Bärte und tragen bayrische Landestracht[43]. Aus großen Krügen trinken sie Bier. Die Wirtin begrüßt Patrick und bringt die Speisekarte.

Dienstag	*Bayrische Ente gebraten mit Kartoffelknödel und Blaukraut*	
	1/4 Ente	*9,10 EUR*
	1/2 Ente	*17,80 EUR*
Mittwoch	*BAYRISCHER SAUERBRATEN mit Kartoffelknödel und Blaukraut*	*12,50 EUR*
Donnerstag	*Bayrisches Bierkutschersteak (Schweinenackensteak) aus der Grillpfanne mit Röstkartoffeln und Gemüse*	*10,00 EUR*
Freitag	*Bayrisches Eisbein mit Röstkartoffeln und Sauerkraut*	*8,50 EUR*

42 reservierter Tisch in einem Lokal für Gäste, die sich dort regelmäßig treffen

43 traditionelle Kleidung, die man in einer bestimmten Region trägt

Kapitel | 9

18. Juni, 21.15 Uhr

Es ist etwas ruhiger geworden im ‚Goldenen Löwen‘.

Edeltraut Huber setzt sich an den Tisch zu Patrick und Leo.

„Und? Schmeckt das Essen?“

„Sehr gut“, antwortet Patrick. „Ich habe selten einen so saftigen Sauerbraten gegessen.“

Leo stimmt lebhaft zu. Patrick schaut die Wirtin näher an. Er schätzt sie auf Anfang oder Mitte dreißig. Unter dem rechten Ohr hat sie ein Muttermal[44] so groß wie eine 1-Cent-Münze. Ihre langen braunen Haare sind zu einem Zopf gebunden. Sie trägt eine Halskette mit einem goldenen Kreuz und über

44 brauner Fleck auf der Haut

ihrem Dirndl[45] eine bunte Schürze. An der Figur und an den Händen sieht Patrick, dass die Wirtin körperliche Arbeit gewohnt ist.

„Bitte zahlen", ruft ein Gast.

Edeltraut steht auf, unterhält sich kurz mit dem Gast, kassiert und kommt dann wieder an den Tisch von Patrick und Leo.

„Entschuldigen Sie meine Neugier. Seit wann kennen Sie meinen Verlobten?"

„Oh, da muss ich nachdenken. Das ist schon so lange her. Warten Sie. Ja. Seit etwa sieben Jahren. Wir haben eine gemeinsame Leidenschaft[46]: Pferderennen." Patrick beobachtet Edeltraut Huber. Er ist auf ihre Reaktion gespannt. Kennt sie die Spielleidenschaft ihres Verlobten?

„Pferde? Davon weiß ich gar nichts. Na ja, so lange kenne ich Paul noch nicht."

„Wann und wie haben Sie sich kennengelernt?"

Edeltraut errötet. Leise antwortet sie:

„Vor einem Jahr über eine Kontaktanzeige." Schnell fügt sie hinzu: „Es war Liebe auf den ersten Blick. Nach wenigen Wochen haben wir uns verlobt. Durch seinen Job ist er leider oft unterwegs. Er hat mir versprochen, in Zukunft mehr in Bad Reichenhall zu sein. Wir wollen ja auch eine Familie gründen."

„Das klingt alles vielversprechend", sagt Patrick. „Haben Sie ein Foto von Paul? Mich interessiert, ob er sich verändert hat?" Patrick lügt nicht gerne.

„Nein, leider nicht. Wie lange bleiben Sie noch hier?"

45 bayrisches Trachtenkleid
46 Vorliebe, Begeisterung

„Bis Sonnabend. Der Kongress des *Bundes internationaler Detektive* endet dann." Patrick gibt Edeltraut seine Visitenkarte.

„Hoffentlich muss ich nie einen Privatdetektiv engagieren", sagt Edeltraut mit einem Lachen. „Aber man kann ja nie wissen. Arbeiten Sie zur Zeit an einem Fall?" Wieder vermeidet[47] es Patrick, die Wahrheit zu sagen. „Ich würde mich freuen, wenn wir uns noch einmal sehen könnten. Dann erzähle ich Ihnen mehr über Paul Ehrlich. Jetzt muss ich mich um meine Gäste kümmern."

„Gerne. Wir telefonieren."

Zufrieden verlässt Patrick mit Leo den ‚Goldenen Löwen'. Privatdetektiv Patrick Reich ist Paul Ehrlich dicht auf den Fersen[48].

47 etwas nicht machen, um einer Schwierigkeit aus dem Weg zu gehen
48 ganz nahe hinter einer Person sein

Kapitel | 10

18. Juni, 23.25 Uhr

Patrick zieht seinen Pyjama an und legt sich auf das Bett. Der Sauerbraten liegt ihm schwer im Magen. Er ist es nicht gewohnt, während der Woche abends eine warme Mahlzeit zu sich zu nehmen. Aber wer kann zu einem hausgemachten bayrischen Sauerbraten mit Kartoffelknödel und Blaukraut in einer gemütlichen Gaststätte in Bad Reichenhall „Nein“ sagen?
Patrick nimmt aus der Minibar einen Schnaps[49]. Er trinkt ihn in einem Zug aus. Der Vollmond wirft Schatten auf die Wände des Hotelzimmers.
Stille.

49 ein starkes alkoholisches Getränk

Patrick schließt die Augen. Er schläft bei geöffnetem Fenster ein. Das Klingeln des Telefons reißt ihn aus dem Schlaf. Mehrere Sekunden weiß Patrick nicht, wo er sich befindet.
„Ich bin es, Constanze. Ich hoffe, du hast noch nicht geschlafen."

„Nein. Doch." antwortet Patrick überrascht. „Schön, so spät deine Stimme zu hören."

„Patrick. Eben hat mich Alice angerufen." Die Stimme von Constanze zittert.

„Constanze, du klingst nicht gut. Ist etwas mit Alice passiert?"

„Ja. Stell dir vor, sie hatte heute Abend einen Unfall mit ihrem Auto. Die Bremsen funktionierten plötzlich nicht mehr. Sie ist gegen einen Baum gefahren."

„Ist sie verletzt?"

„Nein. Alice hat unwahrscheinliches Glück gehabt. Nach Aussagen der Polizei ist möglicherweise an den Bremsen manipuliert worden."
Patrick ist jetzt hellwach[50].

„Constanze, beruhig dich. Wer hat Interesse an dem Tod von Alice? Du meinst doch nicht etwa …"

„Doch, genau den meine ich."

„Also hör mal, Constanze. Frauen betrügen, Geld unterschlagen[51], das ist eine Sache, aber einen Menschen zu töten, das ist eine andere Sache. Wirklich, beim besten Willen, ich glaube, du irrst dich."

„Hoffentlich. Ich rufe trotzdem morgen Richard an."

„Mach das. Schlaf gut, Constanze. Ich melde mich morgen."

50 völlig wach, nicht mehr schläfrig
51 Geld stehlen

Kapitel | 11

19. bis 20. Juni

Der Kongress ist anstrengender als Patrick Reich dachte. In den Pausen spricht er mit Leo Fuchs. Er gewinnt immer mehr Gefallen an der Idee, bei einer internationalen Detektei in Berlin zu arbeiten. Das bedeutet, dass er seine Selbständigkeit aufgibt. Er möchte am Telefon mit Constanze darüber sprechen, um ihre Meinung zu hören. Er entschließt sich, lieber noch zu warten.

Nacht vom 20. Juni zum 21. Juni, 0.45 Uhr

Der Kongress ist zu Ende. Als Abschluss sehen die Teilnehmer eine Aufführung des Theaterstücks ‚Tod in der Oper'. Patrick fällt todmüde[52] ins Bett. Er sieht noch auf das Foto von Constanze, das neben ihm auf dem Nachttisch steht.

52 sehr müde

Patrick lächelt ihr zu und schläft ein. Er träumt vom gemeinsam verbrachten Urlaub mit Constanze auf Mallorca. Hand in Hand gehen sie barfuß[53] am Strand spazieren. Ein leichter Wind weht. Am Horizont taucht ein Feuerball ins Meer. Es wird dunkel. Patrick und Constanze bleiben stehen. „Willst du mich …?“ fragt Patrick seine Lebensgefährtin. Weiter kommt er nicht. Das Telefon reißt Patrick brutal aus seinem Traum.

„Constanze, bist du es? Wo bist du? Ist wieder was mit Alice passiert? Wie viel Uhr ist es?“

„Hallo? Spreche ich mit Patrick Reich?“

„Ja.“

„Herr Reich, ich bin es, Edeltraut Huber, die Wirtin aus dem ‚Goldenen Löwen‘. Bitte kommen Sie schnell! Bitte helfen Sie mir. Ich bin verzweifelt[54]“!

„Was ist geschehen?“ Patrick hat nur die Hälfte verstanden. Frau Huber ist zu aufgeregt, um deutlich zu sprechen.

„Mein Verlobter, Paul, mein Verlobter …“, stottert[55] Edeltraut Huber.

„Frau Huber, beruhigen Sie sich. Ich bin in ein paar Minuten bei Ihnen.“

Patrick Reich, Privatdetektiv, ahnt[56] Schlimmes.

21. Juni, 1.15 Uhr

Edeltraut Huber öffnet die Tür.

53 ohne Schuhe und Strümpfe
54 ohne Hoffnung
55 stammeln, aus Aufregung ohne Zusammenhang sprechen
56 für sehr wahrscheinlich halten

Sie ist außer sich[57]. Sie führt Patrick in das Wohnzimmer. Der Safe, der sonst von einem Bild verdeckt wird, steht offen. Er ist leer. Nach und nach erfährt Patrick, was passiert ist.

„Im ‚Goldenen Löwen' war besonders viel zu tun. Deshalb bin ich erst nach Mitternacht nach Hause gekommen. Ich bin in das Badezimmer gegangen. Alle Sachen von Paul waren weg: Zahnbürste, Rasierapparat, Kamm, Bademantel, alles weg. Keine Spur mehr von ihm. Und dann der Schock! Paul hat den Safe ausgeräumt. In ihm lagen ungefähr 70 000 Euro. Und was das Schlimmste ist: Der Familienschmuck ist weg. Erbstücke[58] von meinen Eltern und Großeltern. Erinnerungen! Für immer verloren! Und ich dumme Kuh[59], ich habe ihn geliebt. Ich habe ihm vertraut, ich habe seinen Versprechungen geglaubt. Meine Zukunft habe ich mit ihm geplant. Unsere Zukunft. Wie kann ein Mensch nur so gemein sein!"

„Frau Huber. Ich weiß nicht viel über Paul Ehrlich. Ich weiß nur: Er ist Spieler. Er hat bestimmt Schulden, hohe Schulden. Er braucht viel Geld. Er lernt Frauen über Kontaktanzeigen kennen. Frauen, die viel arbeiten und sich allein fühlen. Er verspricht ihnen die Heirat. Er will ihr Geld. Und wenn die Frauen sich in ihn verliebt haben, ihm vertrauen, dann schlägt er zu[60]. Ohne Erbarmen[61]. Hat er sich jemals fotografieren lassen? Nein. Warum nicht? Er will keine Spuren hinterlassen. Er ist auf der Suche nach neuen Opfern.

57 wütend sein
58 wertvolle Gegenstände, die man von den Eltern oder Großeltern erhalten hat
59 Bezeichnung für eine naive weibliche Person
60 ein neues Verbrechen begehen
61 ohne Herz, ohne Mitleid

Menschen wie er zählen darauf, dass die betrogenen Frauen nicht zur Polizei gehen, weil sie sich schämen[62] und keinen Skandal möchten. Frau Huber, denken Sie an all die Frauen, die er schon betrogen hat und noch betrügen wird. Es wird Zeit, dass ihm das Handwerk gelegt[63] wird. Frau Huber, rufen Sie die Polizei an. Nur die kann Ihnen jetzt wirklich helfen. Zeigen Sie Ihren Verlobten an."
Die Worte von Patrick Reich haben Frau Huber Mut gemacht. Sie greift zum Telefonhörer.

62 ein sehr unangenehmes Gefühl haben, stark verlegen sein
63 alles tun, damit jemand keine weiteren Verbrechen begeht

Kapitel | 12

Eine Woche später

Patrick sitzt in seinem Büro. Vor ihm liegt ein Brief und ein Zeitungsausschnitt. Absender: Edeltraut Huber. Zum wiederholten Mal liest Patrick die Zeitungsmeldung:

Tragischer Verkehrsunfall

In der Nacht vom 20. zum 21. Juni verunglückte auf der Bundesstraße B20 von Bad Reichenhall nach Salzburg eine noch nicht identifizierte männliche Person. Der Fahrer kam von der Straße ab und fuhr gegen einen Baum. Für den Fahrer kam jede Hilfe zu spät. Er starb noch an der Unfallstelle. Die Polizei fand in dem Fahrzeug wertvollen Schmuck und 70000 Euro in bar.

Ursache für den Unfall war das Versagen[64] der Bremsen. Die kriminaltechnische Untersuchung hat ergeben, dass ein Marder die Bremsen angefressen hatte.

Patrick steht auf und sieht in den Spiegel. Er rückt seine rote Fliege zurecht. Er setzt sich wieder. Vor ihm liegt eine Schachtel Zigaretten. Er zieht eine Zigarette heraus und steckt sie in den Mund. Als er sie anzünden will, fällt sein Blick auf das Foto von Constanze. Seine Freundin hat ihm das Rauchen verboten. Frustriert legt Patrick die Zigarette in die Schachtel zurück.
Noch einmal liest er die Zeitungsmeldung. Er verschränkt die Arme hinter seinem Kopf. Er blickt aus dem Fenster. Normalerweise erfreut er sich an der herrlichen Aussicht auf die Stadt Kassel und an den sich in der Ferne abzeichnenden Bergen.
Heute nicht.
Er weiß nicht, was er denken soll.

64 nicht funktionieren

Übungen

Kapitel 1

Ü 1 Haben Sie das im Text gelesen?

	Ja	Nein
1. Patrick und Constanze genießen das Frühstück am Samstagmorgen.	☐	☐
2. Ein Freund hat die beiden Ende Mai zur Hochzeit eingeladen.	☐	☐
3. Patrick Reich ist 35 Jahre alt.	☐	☐
4. Constanzes Freundin Alice kommt auch zur Hochzeit.	☐	☐
5. Alice Weiss und Patrick Reich lassen keinen Tanz aus.	☐	☐
6. Patrick und Constanze wollen bald heiraten.	☐	☐
7. Alice hat Glück mit Männern.	☐	☐

Kapitel 2

Ü 2 Ergänzen Sie das fehlende Wort.

1. Der Geruch erinnert mich … unseren Urlaub.
2. Setzen wir uns … Wohnzimmer.
3. Constanze, Patrick und Alice warten noch … einen Gast.
4. Richard Tauber fragt Alice, wie sie sich … ihrer alten Heimat fühlt.
5. Ich möchte mich … Kinder kümmern.
6. Tränen steigen … ihre Augen.

7. Sie sind … Freunden. Erzählen Sie, was geschehen ist.

Kapitel 3

Ü 3 Bringen Sie die Sätze in die richtige Reihenfolge.

a. Alice hat ihren Freund über eine Kontaktanzeige kennengelernt.
b. Alice gab ihrem Freund 30 000 Euro.
c. Sie hatten Heiratspläne und wollten eine Wohnung kaufen.
d. Alice und ihr Freund trafen sich regelmäßig an zwei Wochenenden im Monat.
e. Auf dem Handy war er nicht zu erreichen.
f. Er ist wie vom Erdboden verschwunden.
g. Er hat keine persönlichen Gegenstände in der Wohnung gelassen.

1	2	3	4	5	6	7

Kapitel 4

Ü 4 Welches Wort gehört nicht dazu?

1. Angst, Enttäuschung, Lächeln, Rechnen, Liebe, Freude, Gefühl
2. Chat, anklicken, Katze, Laptop, Maus, Internet, virtueller Papierkorb
3. Büro, arbeiten, Beruf, Stress, Spielbank, Laptop, professionell

Kapitel 5

Ü 5 Kreuzen Sie die richtigen Antworten an.

1. Der Abend ist
   - ☐ a. kalt.
   - ☐ b. sonnig.
   - ☐ c. warm.
2. Auf dem Weg vom Büro nach Hause fühlt sich Alice
   - ☐ a. beobachtet.
   - ☐ b. fröhlich.
   - ☐ c. gut gelaunt.
3. Auf dem Weg nach Hause
   - ☐ a. geht Alice.
   - ☐ b. läuft Alice.
   - ☐ c. rennt Alice.
4. In der Wohnung angekommen, hat Alice
   - ☐ a. Angst.
   - ☐ b. Hunger.
   - ☐ c. Schmerzen.

Kapitel 6 und 7

Ü 6 Was gehört zusammen?

1. meist lange Fahrt von einem Ort zum anderen	a. Überraschung
2. Aktivitäten und Arbeiten, die an einer Stelle ablaufen	b. Aufenthalt
3. Ereignis, das unerwartet ist	c. Betrieb
4. Bund für das Leben	d. Reise
5. sich nach einer Krankheit an einem Ort mit besonderem Klima erholen	e. Kongress
6. offizielles Treffen mit Spezialisten bei dem Meinungen, Informationen ausgetauscht werden	f. Heirat
7. Ausbildung an einer Universität	g. Idylle

8.	Anwesenheit an einem Ort für eine bestimmte Zeit	h.	Studium
9.	Zustand eines friedlichen und harmonischen Lebens	i.	Gesundheit
10.	Zustand, in dem man nicht krank ist	j.	Kur

Ü 7 Beantworten Sie folgende Fragen:

1. Welche Informationen enthält die Nummer 52190973E041?
2. Wo findet der Kongress des *Bundes internationaler Detektive* statt?
3. Wen trifft Patrick Reich auf dem Kongress?
4. In welcher Straße wohnt Paul Ehrlich?

Kapitel 8

Ü 8 Richtig oder falsch?

	richtig	falsch
1. Die Gaststätte ‚Zum goldenen Löwen' ist in einem gepflegten alten Bauernhaus aus Holz.	☐	☐
2. Paul Ehrlich und die Wirtin des ‚Goldenen Löwen', Edeltraut Huber, sind gute Freunde.	☐	☐
3. In der Gaststätte ‚Zum goldenen Löwen' gibt es hausgemachte bayrische Gerichte.	☐	☐
4. Paul Ehrlich ist Vertreter für Landmaschinen.	☐	☐

5. Die Drahtgitter unter den Autos hindern Marder daran, Kabel zu zerstören. ☐ ☐
6. Edeltraut Huber und ihre Schwester besitzen die Gaststätte ‚Zum goldenen Löwen'. ☐ ☐
7. Am Stammtisch des ‚Goldenen Löwen' sitzen Frauen und Männer. ☐ ☐
8. Aus großen Krügen trinken die Männer Bier. ☐ ☐

Kapitel 8 und 9

Ü 9 Tragen Sie die Antworten auf die Fragen in die Kästchen ein.

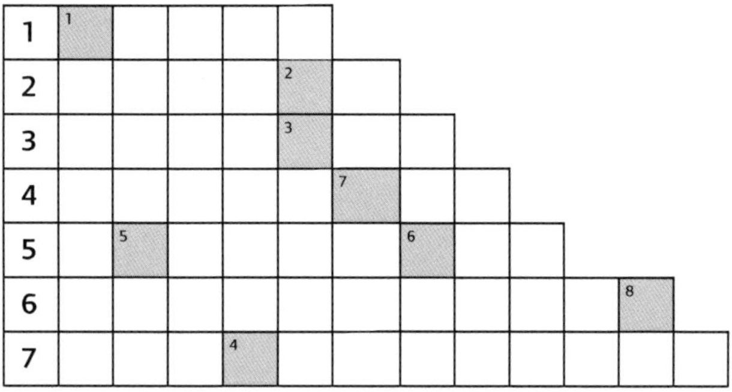

1. Wie heißt die Wirtin mit Nachnamen?
2. Welches Tier beißt die Kabel von Autos an?
3. Wie heißt der Privatdetektiv mit Vornamen?
4. Wie heißt die Zusammenkunft von Experten?
5. Welchen Schmuck trägt die Wirtin?

6. Welches Gericht essen der Privatdetektiv Reich und sein Freund Leo Fuchs im ‚Goldenen Löwen'?
7. Welche Leidenschaft haben Patrick und Paul angeblich gemeinsam?

Das Lösungswort spielt eine wichtige Rolle in der Beziehung zwischen Paul Ehrlich und seinen Opfern:

1	2	3	4	5	6	7	8

Kapitel 10

Ü 10 Richtig oder falsch? Kreuzen Sie an.

	richtig	falsch
1. Patrick kann nicht einschlafen, der Sauerbraten liegt ihm schwer im Magen.	☐	☐
2. Er trinkt einen Schnaps.	☐	☐
3. Das Telefon klingelt, sein Freund Leo ruft an.	☐	☐
4. Alice hat einen Autounfall.	☐	☐
5. Alice ist an dem Unfall selbst schuld.	☐	☐
6. Alice ist nicht verletzt.	☐	☐
7. Patrick will am nächsten Tag seine Freundin anrufen.	☐	☐

Kapitel 11

Ü 11 Beantworten Sie folgende Fragen.

1. An welcher Idee findet Patrick Reich immer mehr Gefallen?
2. Welche Frage stellt Patrick Constanze im Traum?
3. Was will Edeltraut Huber mitten in der Nacht von Patrick Reich?
4. Was ist im Haus von Edeltraut Huber passiert?
5. Welchen Rat gibt Patrick Reich Edeltraut Huber?

Kapitel 12

Ü 12 Welche Zusammenfassung ist richtig?

A Edeltraut Huber schickt Patrick Reich einen Zeitungsausschnitt. Darin steht, dass Paul Ehrlich versucht hat, eine Bank auszurauben. Er wurde von der Polizei am Tatort gefasst.

B Edeltraut Huber schickt Patrick Reich einen Zeitungsausschnitt. Darin steht, dass Paul Ehrlich durch einen Verkehrsunfall ums Leben gekommen ist. Der Schmuck und 70 000 Euro von Edeltraut lagen im Wagen.

C Edeltraut Huber schickt Patrick Reich einen Zeitungsausschnitt. Paul Ehrlich hat Selbstmord begangen. Er ist mit voller Absicht gegen einen Baum gefahren. Außer seinem Ausweis hat man nichts im Auto gefunden.

Lösungen

Kapitel 1

Ü1 Ja: 1, 3, 4
Nein: 2, 5, 6, 7

Kapitel 2

Ü2 1. an; 2. ins; 3. auf; 4. in; 5. um; 6. in; 7. unter

Kapitel 3

Ü3 1a, 2d, 3c, 4b, 5g, 6e, 7f

Kapitel 4

Ü4 1. Rechnen; 2. Katze; 3. Spielbank

Kapitel 5

Ü5 1c; 2a; 3c; 4a

Kapitel 6 und 7

Ü6 1d; 2c; 3a; 4f; 5j; 6e; 7h; 8b; 9g; 10i

Ü7
1. Wohnort, Geburtsdatum und Anfangsbuchstaben des Versicherten
2. Der Kongress findet in Bad Reichenhall statt.
3. Patrick Reich trifft seinen alten Freund Leo Fuchs.
4. Paul Ehrlich wohnt in der Sonnenstraße 45a.

Kapitel 8

Ü8 richtig: 1, 3, 5, 6, 8
falsch: 2, 4, 7

Kapitel 8 und 9

Ü9
1 h u b e r
2 m a r d e r
3 p a t r i c k
4 k o n g r e s s
5 h a l s k e t t e
6 s a u e r b r a t e n
7 p f e r d e r e n n e n
Lösungswort: heiraten

Kapitel 10

Ü10 richtig: 1, 2, 4, 6, 7
falsch: 3, 5

Kapitel 11

Ü11
1. Er findet immer mehr Gefallen an der Idee, bei einer internationalen Detektei in Berlin zu arbeiten.
2. „Willst du mich (heiraten)?"
3. Edeltraut Huber möchte, dass Patrick Reich jetzt zu ihr in die Wohnung kommt.
4. Paul Ehrlich hat den Safe ausgeräumt.
5. Sie soll die Polizei rufen und Paul Ehrlich anzeigen.

Kapitel 12

Ü12 B

MP3:
Die Spur führt nach Bayern
Ein Fall für Patrick Reich

Gelesen von Martin Klemrath

Regie:	Susanne Kreutzer
	Christian Schmitz
Toningenieur:	Christian Schmitz
Studio:	Clarity Studio Berlin

unter www.cornelsen.de/daf-bibliothek/audios